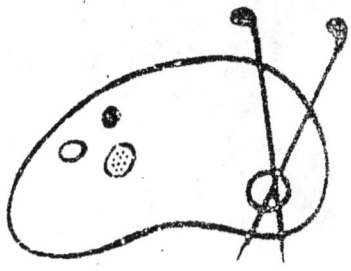

Couvertures supérieure et inférieure
en couleur

COUVERTURES SUPERIEURE ET INFERIEURE D'IMPRIMEUR

8°Y²
12208

BIBLIOTHEQUE
DES
PETITS ENFANTS

APPROUVÉE

PAR Mgr L'ARCHEVÊQUE DE TOURS

2e SÉRIE

Valentine.  1

VALENTINE

OU

LA PETITE BOUQUETIÈRE
DE VAUGIRARD

PAR

STÉPHANIE ORY

———◆———

TOURS

ALFRED MAME ET FILS, ÉDITEURS

—

1877

PROPRIÉTÉ DES ÉDITEURS

VALENTINE

I

« Ohé! la voisine!... » Telle était la formule consacrée par la mère Valentin, laitière de Vaugirard, pour avertir ses pratiques de son arrivée. A cet appel, prononcé d'une voix forte et retentissante, quoique avec un léger tremblement, vous eussiez vu accourir en foule les bonnes, les portières et les ménagères qui se fournissaient auprès de la mère Valentin de cette denrée précieuse, base de leur déjeuner du matin. La réputation de cette bonne femme, surnommée *la Voisine* à cause de sa manière d'annoncer sa présence, s'étendait depuis la barrière de Vaugirard jusqu'à la place Saint-Sulpice, et même jusqu'à la rue de Tournon, limite extrême du rayon qu'elle parcourait dans ses deux tournées quotidiennes, l'une du matin, l'autre du soir. Et cette réputation était bien méritée ; car le lait qu'elle vendait n'était jamais frelaté, comme l'est trop souvent celui d'un grand nombre de laitières. Aussi n'avait-elle pas besoin de venir s'installer sous un portail ou devant la boutique d'un épicier pour y attendre les chalands; son lait lui était retenu d'avance, et n'en avait pas qui voulait. Elle le distribuait sans quitter sa lourde charrette, recouverte d'une toile grossière, et traînée par un vieux cheval encore assez robuste. Si par hasard il était nécessaire d'envoyer à certaines pratiques privilégiées, ou qui n'habitaient pas sur la rue, le lait et la crème qu'elles avaient demandés, elle chargeait de cette commission sa petite-fille Valentine, qui l'accompagnait ordinairement pendant les deux dernières années que la mère Valentin put encore exercer son commerce.

Puisque nous venons de nommer la petite Valentine, nous allons faire plus ample connaissance avec elle; car c'est son histoire que je me propose de raconter à mes jeunes lectrices, qui voudront bien ne considérer que comme une introduction le peu de mots que je viens de dire de la bonne mère Valentin, surnommée *la Voisine*.

II.

Valentine était une jolie petite fille de huit à dix ans. Sa figure rose et joufflue, son air toujours riant, ses yeux bleus pleins de douceur, et sa chevelure blonde et fine qui s'échappait en mèches ondoyantes de son petit bonnet noir, formaient un contraste frappant avec la figure jaune et ridée, l'air soucieux et triste, et les cheveux grisonnants de sa grand'mère. C'est que celle-ci avait eu à supporter le lourd fardeau d'une vie longue et toute composée de travaux pénibles et de chagrins de toute espèce; tandis que la première, quoiqu'elle eût déjà été frappée par le malheur, était trop jeune pour en avoir senti les coups, et que le chagrin n'ayant fait qu'effleurer son âme, elle s'avançait dans la vie avec le calme de l'innocence et l'insouciance qui caractérise cet âge.

Oui, quoique bien jeune encore, la pauvre petite Valentine avait été atteinte par un grand, un irréparable malheur. Elle avait perdu, presque coup sur coup, son père et sa mère, morts du choléra. Sa grand'mère Valentin l'avait recueillie ainsi que ses deux petits frères plus jeunes qu'elle (le dernier était encore en nourrice), et les soins que la bonne femme avait prodigués à ses petits-enfants ne leur avaient presque pas permis de s'apercevoir de la perte qu'ils avaient faite. Valentine seule, qui avait déjà six ans à l'époque de cette catastrophe, avait beaucoup pleuré quand on lui avait fait comprendre qu'elle ne reverrait plus sur la terre son papa ni sa maman, mais qu'elle les retrouverait au ciel, où ils étaient allés, et où elle irait un jour elle-même les rejoindre, si elle se rendait digne de cette faveur par sa sagesse et sa piété. Cette assurance et les caresses de sa bonne maman l'eurent bientôt consolée ; car la mère Valentin avait pour ses petits-enfants cette tendresse et cette sollicitude qu'on rencontre souvent chez les aïeules, et qui l'emportent parfois sur la tendresse et la sollicitude des mères elles-mêmes.

III

Quand Valentine eut atteint l'âge de huit ans, sa grand'mère l'emmena avec elle à Paris pour l'aider dans sa tournée du matin. Le soir elle restait à la maison pour garder ses frères à leur retour de la salle d'asile. Ses fonctions, comme nous l'avons dit, consistaient à porter à domicile les boîtes de lait ou de crème destinées à certaines pratiques. Partout elle recevait l'accueil le plus bienveillant, et souvent de jeunes demoiselles de son âge, charmées de sa gentillesse et de sa douceur, se plaisaient à l'entretenir avec une certaine familiarité et à lui faire quelques petits cadeaux. De son côté, Valentine, pour ne pas être en reste avec elles, leur apportait de petits bouquets de violettes ou de fleurs des champs, qu'elle savait déjà choisir et disposer avec un goût étonnant pour une enfant si jeune.

Bientôt chacun voulut avoir de ces jolis bouquets, et ils étaient autant recherchés par les enfants des pratiques de la mère Valentin que le lait de celle-ci l'était par les mamans.

« Les fleurs, a dit un écrivain, semblent chargées par la nature, c'est-à-dire par la Providence, de répandre sur la vie de l'homme comme une rosée d'innocents plai-

sirs, de suavité, de douceurs. »
Aussi c'est surtout dans les grandes
villes, comme à Paris, où la population est privée de la vue des champs, des prairies, des forêts, qu'elle cherche à se dédommager de cette privation par son goût pour les fleurs, goût qui est en quelque sorte devenu un besoin généralement répandu dans toutes les classes de la société. Le simple ouvrier, dans son rez-de-chaussée humide, soigne une plante isolée, sur laquelle maintes fois s'arrêtent ses regards pendant que ses bras sont occupés de son travail journalier. Les balcons se couvrent de fleurs, les riches salons sont ornés de vases de porcelaine, et de ma-

gnifiques *jardinières* où les dahlias, les camellias, les cactus, les lauriers-roses, les bruyères du Cap, étalent leurs brillantes couleurs : fleurs de luxe et de mode, mais privées de parfum qui fait le mérite de l'obscur réséda et de la modeste violette. Sous les combles, dans sa petite mansarde, la jeune couturière cultive un œillet ou un rosier, doux soulagement de l'ennui de son travail. Il n'est pas rare de voir des jardins émaillés suspendus aux croisées des étages supérieurs des hôtels et de simples maisons bourgeoises, jardins modestes de l'employé et du petit rentier, où les géraniums, les lilas, les giroflées, les convolvulus, le chèvrefeuille, entremêlent leur feuillage, leurs fleurs et leurs parfums.

Mais ce goût pour les fleurs est surtout particulier aux jeunes filles de tout âge et de toute condition ; et puissent-elles le conserver longtemps ! car c'est un indice, comme un symbole de l'innocence et de la pureté de leur âme. Pour elles, le plus souvent, les simples fleurs des champs, les primevères, la violette, les bluets, les pâquerettes, les reines-marguerites, ont autant d'attrait que les fleurs rares et de luxe cultivées à grands frais dans les serres de nos fameux jardiniers-fleuristes.

Mes jeunes lectrices ne s'étonneront donc pas, surtout si elles sont Parisiennes, de l'empressement qu'on mettait à acheter les bouquets de la petite Valentine. Ce n'étaient d'abord que de simples bouquets de violettes d'un sou ; puis elle y ajouta quelques jacinthes blanches, et les vendit deux, quatre et six sous, selon leur grosseur.

En peu de temps ce petit commerce lui rapporta d'assez jolis bénéfices, qui aidaient sa grand'-mère à l'entretenir, ainsi que ses deux petits frères ; car la mère Valentin était loin d'être riche, et le produit de la vente de son lait eût été insuffisant, avec les autres dépenses qu'elle était obligée de faire, pour pourvoir à la nourriture et à l'habillement des trois orphelins qu'elle avait pris à sa charge.

IV.

Pendant plus de vingt ans la mère Valentin avait accompli les tournées habituelles dont nous avons parlé, avec une telle régularité, qu'elle servait en quelque sorte d'horloge à un bon nombre d'habitants de la partie du faubourg Saint-Germain qu'elle parcourait. Sa voix retentissante pénétrait jusqu'au cinquième étage, et bien des ouvrières attendaient ce signal pour se rendre à leur journée, et des enfants de l'un ou de l'autre sexe pour aller à l'école.

Cependant un jour, — c'était vers la fin de janvier, — le cri si connu de « Ohé ! la voisine ! » ne se fit pas entendre. Ce fut un événement dans tout le quartier. Plusieurs ouvrières se trouvèrent en retard pour leur journée, et plus d'un élève des écoles de garçons et de filles reçurent de mauvais points pour être arrivés en classe longtemps après l'heure.

Mais ce fut surtout parmi les pratiques ordinaires de la bonne femme que l'émoi fut grand et le désappointement à son comble. Dans toute la rue du Cherche-Midi, à la Croix-Rouge, dans la rue du Vieux-

Colombier, dans la rue Cassette et dans la rue de Tournon, on voyait presque à chaque porte des bonnes, des concierges, de petites bourgeoises, regarder avec inquiétude dans la direction suivie ordinairement par la charrette de la mère Valentin, et s'interroger les unes les autres sur la cause présumée d'un pareil retard. « Elle est peut-être malade, disait l'une. — Bah ! répondait une autre, elle malade ! on voit bien que vous ne la connaissez pas; elle a une santé de fer, et depuis vingt ans que je la connais, moi, jamais je ne l'ai vue atteinte de la moindre indisposition. — Ce n'est pas une raison, reprenait une troisième; elle a beau être d'une santé robuste, elle n'est pas plus que les autres exempte de la maladie et de la mort; seulement elle aurait dû nous prévenir, et ne pas laisser comme ça ses anciennes pratiques dans l'embarras. — Ah! ah! vous êtes bonne là, madame Grivel! s'écria la portière d'à côté, il aurait fallu sans doute qu'elle fît annoncer sa maladie dans le journal, ou, si elle est morte, la pauvre bonne femme, qu'elle envoyât à toutes ses pratiques une lettre de faire part.

— Je ne suis pas si ridicule ni si exigeante, répliqua Mme Grivel d'un ton aigre-doux; mais enfin elle aurait bien pu nous envoyer la petite Valentine, qui nous aurait dit pourquoi sa grand'mère n'est pas venue aujourd'hui, et alors nous aurions pris nos précautions en conséquence.

— Et comment voulez-vous qu'elle envoie une enfant de dix ans à peine faire à pied une course pareille ? car je me suis laissé dire que la mère Valentin demeure tout au bout de Vaugirard, tout près des fortifications. Ainsi cela ferait une grande lieue; sans compter qu'elle pourrait bien s'égarer à travers toutes les rues qu'elle aurait à traverser, et qu'elle n'a jamais parcourues que dans la charrette de sa grand'mère... »

La conversation dont nous venons de rendre compte se tenait rue de Tournon, et nous la donnons comme un échantillon de cent autres colloques du même genre qui avaient lieu à la même heure dans les autres rues que nous avons nommées. Au moment où la portière..., pardon, la concierge expliquait à Mme Grivel pourquoi la mère Valentin n'avait pas dû envoyer sa petite-fille toute seule à pied à Paris, elle fut interrompue par une voix partie d'une croisée de l'entre-sol placé juste au-dessus de l'endroit où étaient réunies les commères. « Madame Giflard ! Madame Giflard ! appela cette voix.

— Ah ! c'est vous ! mam'selle Justine : qu'y a-t-il pour votre service ? »

Mlle Justine était la femme de chambre de Mme de Lunel, riche veuve, locataire du premier étage de l'hôtel dont Mme Giflard avait l'honneur d'être concierge.

« Est-ce que la mère Valentin n'est pas encore venue? demanda Mlle Justine.

— Non, Mam'selle, et je crains bien maintenant quelle ne vienne pas ce matin, car son heure est passée depuis longtemps.

— Mais êtes-vous sûre qu'elle ne soit pas venue plus tôt qu'à l'ordinaire, maintenant que les jours rallongent?

— Pas possible, Mam'selle; elle ne change ses heures qu'au mois de mars, et elle a soin d'en prévenir au moins huit jours d'avance. D'ailleurs je n'ai pas quitté le trottoir, que j'ai balayé devant l'hôtel depuis sept heures du matin ; tous les jours, au moment où huit heures et un quart sonnent à l'horloge du Luxembourg, la mère Valentin débouche de la rue Saint-Sulpice et fait entendre son cri : « Ohé ! la voisine ! » juste à l'instant où le marteau frappe sur la cloche de l'horloge. Eh bien ! voyez, Mam'selle, neuf heures viennent de sonner, et point de mère Valentin.

— C'est bien contrariant.

— A qui le dites-vous ? moi qui souffre tant de *ma* pauvre estomac quand je suis seulement dix minutes en retard pour mon déjeuner, et voilà trois quarts d'heure que j'attends, sans compter que j'ai déjà brûlé presque un demi-boisseau de charbon; car il y a plus d'une heure que mon fourneau est allumé. Que voulez-vous, Mam'selle, il faut bien se résigner, et nous contenter pour aujourd'hui du lait de la crèmerie d'en face.

— Oh! ce n'est pas pour moi que je regrette le lait de la mère Valentin; c'est pour Mlle Sophie, qui depuis sa convalescence ne peut supporter d'autre nourriture, et qui surtout a tant de plaisir à causer avec la petite Valentine, quand elle le lui apporte elle-même, avec un de ses jolis bouquets de violettes et de perce-neige.

— Oh! mon Dieu, tout ça ce sont des idées d'enfant, sans compter que Mlle Sophie est passablement gâtée par Madame, et même par vous, mam'selle Justine. Donnez-lui pour aujourd'hui du lait de la crèmerie d'en face, en lui disant qu'il est de la mère Valentin, dont la petite-fille n'est pas venue parce qu'elle a la coqueluche, et vous verrez qu'elle ne s'apercevra pas de la différence. »

Mlle Justine suivit le conseil de Mme Giflard, et il paraît que Mlle Sophie ne s'en trouva pas plus mal.

Le soir, on attendit encore avec impatience l'heure de la tournée de la Voisine; même désappointement que le matin. Le lendemain elle ne parut pas davantage. Alors toutes les pratiques se résignèrent, comme Mme Giflard, à se procurer du lait ailleurs. Huit jours après, on ne parlait presque plus de la mère Valentin ni de sa petite-fille : quinze jours après, on n'en parlait plus du tout. C'est ainsi que tout s'oublie dans le monde et surtout à Paris. Une seule personne pourtant avait conservé un plus long souvenir de la petite Valentine, et elle ne cessait d'en parler tous les jours : c'était Mlle Sophie de Lunel, qui, grâce à l'innocente supercherie de Justine, croyait toujours sa semoule ou son tapioca accommodés avec le lait de la Voisine, et à son déjeuner elle s'informait avec soin de la santé de la petite bouquetière de Vaugirard. Cependant, quand elle fut bien guérie, que sa mère l'eut conduite en promenade au Luxembourg, qu'elle eut retrouvé ses petites camarades de pension, et qu'avec elles elle eut recommencé ces bonnes parties de courses, de cerceaux, de cordes, ces rondes joyeuses et tous ces amusements que l'hiver et sa maladie avaient interrompus, elle apprit, sans trop de surprise ni de contrariété, que depuis quelque temps la mère Valentin et sa petite-fille avaient cessé leur commerce de lait et de fleurs dans cette partie du faubourg Saint-Germain, et que probablement elles avaient adopté un autre quartier où elles trouvaient plus de profits. Ce bruit avait effectivement couru, et n'avait pas peu contribué à faire oublier la vieille laitière et la jeune bouquetière. Il finit par produire le même effet sur Sophie.

V

Le premier jour de mai, qui tombait un jeudi, toutes les élèves de Mlle D. G..., un des meilleurs pensionnats du faubourg Saint-Germain, étaient réunies sous les quinconces du jardin du Luxembourg, où elles se livraient à tous les jeux ordinaires de leur âge. Dans la division des petites se trouvait Sophie de Lunel, qui, maintenant fraîche, joyeuse et pleine de santé, se dédommageait amplement des privations que lui avait fait éprouver une longue maladie, suivie d'une convalescence plus longue encore.

Tout en jouant, ces jeunes filles venaient de temps en temps s'arrêter le long des grilles qui entourent deux grands carrés remplis de rosiers de toutes les espèces, et contemplant d'un œil de convoitise ces belles fleurs, qui commençaient à s'épanouir : « Quel dommage ! disaient-elles, qu'il ne nous soit pas permis d'en cueillir quelques-unes ! — D'autant plus, observa Sophie de Lunel, que souvent on les laisse se flétrir et s'effeuiller sur pied. — Oh ! c'est affreux ! dit Anaïs Le Peintre, une des camarades de Sophie. — C'est un meurtre, ajouta une autre. — Oh ! si j'avais seulement cette jolie rose pompon ! reprit Sophie. — Et moi cette rose mousseuse ! — Et moi cette rose panachée ! »

Tandis que chacune exprimait son désir selon son goût, une sous-maîtresse donna le signal du départ. Les rangs se formèrent aussitôt, et l'on descendit deux à deux dans le grand parterre, en se dirigeant vers la porte qui s'ouvre sur la rue de Vaugirard, derrière le théâtre de l'Odéon, et qu'on nomme par cette raison porte de l'Odéon.

Pendant ce trajet, les jeunes filles se montraient les fleurs brillantes qui émaillaient le parterre, les plates-bandes, les vases de marbre placés le long des murs et sur les piliers des balustrades, les tapis verts parfumés de touffes de rosiers nains et de buissons de lilas, et bordés de gazon de Mahon. « Oh! s'écriait Sophie, dire qu'avec de l'argent on ne pourrait pas même acheter une de ces jolies fleurs! — Tiens, lui dit Anaïs, sa compagne, tu as le plaisir de les voir et d'en respirer le parfum. — Oui, mais tout à l'heure nous ne les verrons plus; et quant au parfum, le vent l'emportera dans un instant, et nous n'aurons plus à respirer que la poussière des rues et l'asphalte des trottoirs. »

Pendant cette conversation, on était arrivé à la porte de l'Odéon. A peine les premières élèves, qui formaient ce qu'on peut appeler la tête de la colonne, eurent-elles dépassé la grille en se dirigeant à gauche du côté de la rue de Tournon, qu'elles furent assaillies par une troupe de jeunes filles et de femmes qui, tenant des bouquets à la main, leur criaient à tue-tête : « Fleurissez-vous, Mesdames ; fleurissez-vous, Mesdemoiselles ! — Voyez comme il est joli mon bouquet ; allons, ma jolie petite demoiselle, achetez-le-moi ; il est presque aussi frais que vos joues ; voyons, le voulez-vous ? pour cinq sous..., pour quatre sous... ! tenez, je vous le laisse pour trois... pour deux sous... ! pour deux sous ! vrai d'honneur, il m'a coûté plus cher. »

C'était à Sophie, qui était dans les premiers rangs, que semblaient s'adresser ces paroles.

« Eh bien ! lui dit Anaïs, tu te plaignais tout à l'heure de ne pouvoir te procurer des fleurs du Luxembourg, même à prix d'argent ; tu peux maintenant te dédommager, car en voilà qui sont presque aussi belles et qu'on t'offre presque pour rien.

— Presque aussi belles! repartit Sophie, dis donc qu'elles sont horriblement fanées, et puis celles qui les vendent ont un air si effronté, qu'elles me déplaisent souverainement; et leurs fleurs seraient-elles aussi fraîches qu'elles le disent, que je n'en voudrais point.

— Ah! si tu aimes la modestie dans une bouquetière, en voilà une qui pourra peut-être te satisfaire; » et elle lui montrait une jeune fille de leur âge, vêtue fort simplement, mais avec propreté, qui se tenait assise ou plutôt accroupie près de la grille du côté du palais. Elle ne paraissait nullement disposée à rechercher ni à appeler les pratiques; elle se contentait d'étaler sur un petit panier posé à terre devant elle un monceau de bouquets de roses et de quelques autres bouquets composés des différentes fleurs de la saison.

A peine Sophie eut-elle jeté les yeux du côté que lui indiquait son amie, qu'elle reconnut son ancienne fournisseuse de lait et de fleurs, la petite Valentine, qu'elle avait tant regrettée et dont elle s'était informée si souvent. Elle était pourtant bien changée, la pauvre enfant. Au lieu de ces joues roses et rebondies que nous lui connaissions, elle était pâle et maigre; au lieu de cet air riant qui la distinguait autrefois, elle paraissait triste, abattue, et ses yeux encore rouges montraient qu'elle avait pleuré depuis peu.

Sophie, sans quitter son rang, mais en ralentissant un peu le pas, l'appela à plusieurs reprises : « Valentine! Valentine! » et lui fit signe en même temps d'approcher.

Celle-ci leva la tête, étonnée de s'entendre nommer; en même temps elle reconnut Sophie, et s'empressa d'accourir à son appel. « Comment! c'est toi, ma pauvre Valentine! dit Sophie; et par quel hasard te trouves-tu à la porte du Luxembourg? Ta grand'mère ne vend donc plus de lait? Ah! tu as été bien malade; la coqueluche, je crois; on le voit, car tu es bien changée. Marche à côté de moi, et tu me conteras tout cela, et puis nous t'achèterons tous tes bouquets. »

VI

Valentine, en voyant toutes les petites camarades de Sophie la regarder d'un air curieux, rougit, et parut hésiter à se rendre à l'invitation de Sophie. Anaïs s'en aperçut, et lui dit pour l'encourager :

« Allons, ma petite, marchez donc à côté de nous; vous voyez bien que nous ne pouvons pas nous arrêter, et, comme vous l'a dit Sophie, vous nous vendrez toutes vos fleurs : n'est-ce pas, Mesdemoiselles? ajouta Anaïs en se tournant vers celles qui marchaient derrière.

— Oui! oui! répondirent celles-ci; moi, je retiens une rose; moi, un œillet; moi, cette jolie branche d'aubépine!

— Ainsi, tu le vois, reprit Sophie en s'adressant à Valentine, qui s'était décidée à se placer à côté d'elle, tu n'auras pas de peine à te défaire de ta marchandise, et tu n'en auras pas pour tout le monde.

— Merci, ma bonne demoiselle, je suis bien aise de vous voir bien portante aujourd'hui après vous avoir vue si longtemps malade. Que le bon Dieu vous conserve la santé! ajouta-t-elle en poussant un profond soupir.

— Et toi, comment va la tienne? est-ce que tu n'es pas encore guérie?

— Moi, Mademoiselle, reprit Valentine d'un air étonné, mais je n'ai jamais été malade, Dieu merci ! c'est ma grand'mère qui l'a été et qui l'est encore malheureusement.

— C'est donc ta grand'mère qui a eu la coqueluche ?

— Oh ! non, Mademoiselle, ce n'est pas la coqueluche que le médecin appelle sa maladie ; c'est une paralysie, qui l'empêche de remuer bras et jambes, et la force de se tenir au lit toute la journée.

— Et depuis quand est-elle ainsi malade ?

— Depuis le jour où elle a cessé de porter du lait en ville, c'est-à-dire depuis plus de trois mois.

— Mais on avait dit qu'elle allait

en vendre dans un autre quartier.

— Dans un autre quartier? et pourquoi donc qu'elle aurait quitté un quartier où elle était connue de tout le monde, pour aller dans un autre où elle n'aurait trouvé que des visages nouveaux, et où elle aurait bien eu de la peine à débiter son lait? Hélas! la pauvre grand'mère n'y a pas seulement songé, et un de ses plus grands chagrins était de ne pouvoir continuer à servir ses pratiques; mais ce qui a mis le comble à sa douleur et à la mienne, c'est quand il a fallu vendre les vaches, la charrette et le cheval.

— Et pourquoi donc les vendre?

Si elle s'était rétablie, elle aurait repris son commerce, elle aurait retrouvé toutes ses anciennes pratiques.

— Ah! Mademoiselle, il l'a bien fallu pour payer des dettes et le propriétaire de la ferme, et un tas de papiers auxquels je ne connaissais rien, et qu'apportaient des huissiers. Cela redoublait le mal de ma bonne maman, et, quoiqu'on eût fait beaucoup d'argent avec toutes ces ventes, on ne lui en a pas donné un sou, pas même pour payer les médicaments que le médecin ordonnait, ni pour acheter du pain pour mes frères et pour moi. Nous serions tous morts de faim et de froid sans la charité de quelques voisines, des sœurs et de M. le curé, qui nous sont venus en aide.

— Ah! ma pauvre Valentine, dit Sophie avec attendrissement, combien tu as dû souffrir! Mais pourquoi n'es-tu pas venue me raconter tes peines? ma mère se serait fait un bonheur de te soulager.

— D'abord, Mademoiselle, je n'aurais jamais osé, et puis je ne pouvais pas quitter ma bonne maman. Il n'y avait que moi pour lui donner à boire et à manger, et quand il fallait la lever, comme je n'en aurais pas eu la force, j'allais appeler une voisine qui voulait bien se charger de cette besogne. Quand les beaux temps sont revenus, M. le curé a dit qu'il fallait que j'aille en classe et au catéchisme, pour me préparer à faire ma première communion. Il a mis chez nous une garde-malade qui soigne ma grand'mère, et moi je vais tous les jours à l'école, et le dimanche aux offices et au catéchisme.

— Et depuis ce temps-là tu ne t'occupais plus de fleurs ni de bouquets?

— Je n'en avais guère le temps, et ce n'était pas un de mes moindres chagrins. Cependant quelquefois, le matin, je me levais de bonne heure, et j'allais dans la campagne cueillir des fleurs dont je faisais des bouquets. J'en plaçais un auprès du lit de bonne maman, pendant qu'elle dormait; et quand

elle s'éveillait, ça lui réjouissait la vue. Alors elle m'appelait auprès d'elle, elle m'embrassait, et j'étais bien contente. Puis, quand l'heure de la classe était arrivée, je portais un ou deux autres bouquets à nos bonnes sœurs, pour orner leur chapelle, et elles recevaient mon cadeau avec des témoignages de satisfaction et des caresses qui me faisaient grand plaisir. Ces jours derniers, sœur Thérèse m'a dit :
« Ma petite Valentine, voici le mois
« de Marie qui va commencer ;
« comme tu t'entends à faire de
« jolis bouquets, je te charge de
« nous en fournir pour orner notre
« chapelle de la Sainte-Vierge.
« Pour te faciliter ce travail, j'ai

« obtenu de M. le baron de B...
« la permission pour toi d'aller
« dans son parc et dans ses vas-
« tes jardins cueillir des fleurs qui
« te conviendront : seulement, tu
« t'entendras avec son jardinier,
« qui t'expliquera celles auxquelles
« il ne faudra pas toucher, et celles
« que tu auras le droit de cueillir
« et d'emporter. » Le soir même,
elle m'a conduite chez le jardinier,
qui m'a reçue très-gracieusement,
en disant : « Ah ! voici notre petite
« bouquetière dont m'a parlé M. le
« baron. Eh bien, mon enfant,
« viens avec moi tout de suite, et
« je vais te donner ta consigne. »
Nous sommes allés dans le jardin...
Oh ! Mademoiselle, si vous aviez vu

comme il est grand et beau! il est, je suis sûre, plus grand que celui du Luxembourg : j'en étais tout émerveillée. Puis le jardinier m'a dit : « Tu ne toucheras à aucune
« des fleurs qui se trouvent dans
« des pots ou dans des caisses; tu
« n'entreras pas dans les serres ;
« tu ne toucheras pas non plus aux
« fleurs de ce grand parterre :
« seulement tu auras le droit de
« prendre quelques boutons dans
« chaque rosier, de manière à ne
« pas trop les dégarnir. Quant aux
« fleurs du parc et à toutes celles
« que je n'ai pas réservées, tu
« peux les fourrager à ton aise. »
J'étais bien contente, et ce matin, avant cinq heures, j'étais dans le

jardin de M. le baron. J'en suis sortie à six heures et demie avec une charge de fleurs que j'avais peine à porter. Je suis allée avec ma récolte chez nos bonnes sœurs; mais elles n'ont voulu pour leur chapelle que des roses blanches, des lis et d'autres fleurs également blanches. Puis sœur Thérèse m'a dit : « Ma petite, il te reste de quoi
« faire encore un grand nombre
« de bouquets de toutes couleurs :
« tu ne sais pas ce qu'il faut faire ?
« Eh bien, comme c'est aujourd'hui
« jeudi, il faut aller les vendre à
« Paris, chez les anciennes prati-
« ques de ta grand'mère. Tu pour-
« ras en avoir au moins cinq à six
« francs, et avec cela tu achèteras

« des bas pour tes frères et pour
« toi. — Et du vin de quinquina
« pour bonne maman, ai-je ajouté ;
« car le médecin en a ordonné, et
« nous n'avons pas le moyen d'en
« acheter. — Oui, a-t-elle dit en
« souriant ; seulement je t'indi-
« querai un pharmacien qui te le
« vendra bien meilleur marché que
« les autres, et tout aussi bon. »
J'ai suivi le conseil de sœur Thérèse, et je suis partie après avoir
embrassé ma grand'mère. Arrivée à
Paris, j'ai voulu visiter nos anciennes pratiques ; mais après en avoir
vu cinq ou six, dont une seule m'a-
vait acheté un bouquet de cinq
sous, j'ai pensé que si je continuais
ainsi, je n'en finirais pas de la jour-

née. Chacune me retenait à causer pendant une demi-heure, et me faisait raconter la maladie de ma grand'maman depuis le commencement jusqu'à aujourd'hui ; puis, après avoir bien plaint la pauvre mère Valentin, on me laissait partir sans rien m'acheter. Alors je me suis rappelé que j'avais vu bien des fois des marchands de bouquets aux abords du Luxembourg et des Tuileries, et j'ai eu l'idée de venir m'installer où vous m'avez rencontrée.

— Et tu as eu là une bonne inspiration, lui dit Sophie, qui avait attentivement écouté son récit.

— C'est vrai, maintenant je le reconnais, et j'en remercie bien le bon Dieu et la sainte Vierge ; mais il y a eu un instant où je croyais avoir été très-mal inspirée, et où je me repentais bien d'y être allée. Figurez-vous, Mademoiselle, qu'au moment où je suis arrivée vers la grille, voilà toutes ces vendeuses de bouquets qui s'y trouvaient avant moi, qui se sont mises après moi en me demandant de quel droit je venais m'installer là. Les unes me menaçaient de me battre, les autres de me dénoncer au commissaire. J'avais le cœur bien gros, et j'allais m'en aller, quand un monsieur comme il faut qui passait dans le moment, et qui avait entendu la querelle que me faisaient ces femmes, me dit :

« Rassurez-vous, ma petite, ces « femmes n'ont pas plus de droit « ici que vous. » Elles se turent, et ne me dirent plus rien ; seulement, quand quelqu'un sortait de la grille, elles l'entouraient pour lui offrir leurs fleurs, et ne me laissaient pas approcher. Alors je suis allée m'asseoir un peu plus bas, et j'y suis restée jusqu'au moment où vous m'avez appelée. »

VI

Tout en causant ainsi, on était arrivé à la porte du pensionnat. Sophie demanda à la sous-maîtresse la permission de faire entrer Valentine dans la cour, en lui disant en deux mots quelle était cette enfant, et depuis combien de temps elle la connaissait. La permission fut accordée sans difficulté.

En entrant dans la cour, la première personne qu'aperçut Sophie fut sa mère, qui causait avec Mlle D... G..., la maîtresse de pension. Derrière Mme de Lunel, et à quelques pas, se trouvait Justine, sa femme de chambre, qui avait accompagné sa maîtresse.

Sophie courut embrasser sa mère, et, après en avoir reçu les tendres caresses auxquelles elle était habituée, elle s'écria : « Vous ne savez pas, maman, une bonne nouvelle?

— Quoi, mon enfant ?

— J'ai retrouvé ma petite Valentine, ma petite bouquetière de Vaugirard, qui m'apportait de si bon lait et de si jolies fleurs quand j'étais malade.

— Ah ! oui, je me le rappelle. Et pourquoi n'est-elle pas revenue ?

— Parce que sa grand'mère est tombée malade d'une paralysie, et non pas de la coqueluche, comme disait mam'selle Justine, et qu'on leur a vendu leurs vaches, leur charrette et leur cheval. Ah ! maman, c'est toute une histoire bien triste, qu'elle m'a racontée tout à l'heure, et je suis bien sûre que, quand vous la connaîtrez, vous qui êtes si charitable, vous viendrez en aide à cette pauvre famille.

— Je suis bien aise, ma fille, de te voir juger si favorablement ta mère ; mais voyons ta protégée : n'est-ce pas elle que j'aperçois au milieu de tes camarades ?

— Oui, maman, et je vais vous l'amener et la présenter à Mlle D... C... »

Un instant après, Sophie arrivait en donnant la main à la petite Valentine, dont les joues étaient plus rouges que les roses ponceau qu'elle avait dans son panier. Mme de Lunel et Mlle D... C... lui parlèrent avec bonté, et lui firent répéter le récit qu'elle avait fait à Sophie.

Quand elle eut fini, Mme de Lu-

nel dit tout bas à Mlle D... C... :
« Je crois que ma fille a raison, et
qu'il y a là une de ces familles honnêtes et malheureuses que l'on est
heureux de pouvoir secourir. Je
m'en assurerai, et je verrai plus
tard ce que j'aurai à faire ; en attendant je vais toujours débarrasser
cette pauvre petite de sa marchandise. » Puis, s'adressant à Valentine : « Mon enfant, lui dit-elle,
combien veux-tu me vendre tout
ton panier de fleurs ?

— Tout mon panier ! répéta
Valentine d'un air ébahi... Mais...,
Madame, je ne sais pas, dit-elle en
hésitant.

— Mais la sœur, interrompit
Sophie, ne t'a-t-elle pas dit que

tu pourrais en avoir cinq à six francs?

— C'est vrai, mais je trouve que c'est beaucoup.

— Eh bien, moi, je trouve que ce n'est pas assez, reprit Mme de Lunel, et je t'en donne douze francs.

— Douze francs! s'écria Valentine: ah! Madame, vous êtes trop bonne, » Et déjà elle se baissait pour ôter les fleurs de son panier et les remettre à Mlle Justine, qui s'apprêtait à les recevoir dans son tablier, quand tout à coup Valentine se releva en tenant à la main un beau bouquet de roses blanches: « Pardon, Madame, dit-elle, je ne puis vendre ce bouquet avec les autres; ainsi, si vous voulez bien encore m'acheter tout mon panier, veuillez avoir la bonté d'en déduire le prix de ce bouquet, qui ne peut être compris dans la vente.

— Mais c'est le plus beau de toute ta collection; et combien en veux-tu de ton bouquet, si on te l'achète séparément?

— Madame, ce bouquet n'est pas à vendre, et je ne le céderai à personne pour aucun prix.

— Alors qu'en veux-tu faire? il y a là quelque mystère que je veux savoir; autrement je ne t'achèterai pas une de tes fleurs.

— Eh bien, Madame, je veux l'offrir à la sainte Vierge et le porter à Saint-Sulpice, afin d'orner son autel pour la cérémonie de ce soir. C'est dans cette intention que je l'ai fait ce matin, et que j'ai prié sœur Thérèse de ne pas me prendre toutes mes roses blanches pour sa chapelle, parce que je désirais faire aussi mon offrande à la sainte Vierge, afin qu'elle intercédât auprès de Dieu pour la guérison de ma grand'mère. Elle y a consenti avec plaisir, et jamais je n'ai eu l'intention de vendre ce bouquet.

— Très-bien, ma fille, je suis satisfaite de ton explication, repartit Mme de Lunel, et je tiens toujours à notre marché. Voilà les douze francs que je t'ai promis ; va maintenant porter ton bouquet à la sainte Vierge ; et toi, ma fille, ajouta-t-elle en s'adressant à Sophie, partage ces fleurs entre tes compagnes et toi. Au revoir, Valentine, j'irai savoir bientôt moi-même des nouvelles de ta grand'mère. »

Valentine se retira en faisant une profonde révérence à Mme de Lunel et à Sophie, ainsi qu'à toutes ces demoiselles.

Le dimanche suivant, dans l'après-midi, Mme de Lunel, accompagnée de Sophie, monta en voiture et se fit conduire à Vaugirard. Elle vit M. le curé et les sœurs de Charité, qui lui rendirent un compte on ne peut plus avantageux de la bonne femme Valentin et surtout de sa petite-fille, qui montrait dans un âge si tendre beaucoup de piété, et un dévouement au-dessus de tout éloge pour sa grand'mère infirme. Mme de Lunel remit à M. le curé une somme d'argent, en le priant de l'appliquer aux besoins de cette famille, et en s'engageant à lui donner une pareille somme tous les six mois pour le même objet, jusqu'à ce que la petite Valentine fût en état de gagner sa vie.

Il y a quinze ans, à peu près, que les événements que nous venons de raconter se sont accomplis. La bonne femme Valentin est morte depuis longtemps. Valentine a continué à édifier la paroisse de Vaugirard par sa piété, tout en conservant un goût remarquable pour la confection des bouquets de fleurs naturelles. Elle a épousé, il y a deux à trois ans, le fils du jardinier de M. le baron de B..., et si vous allez vous promener aux marchés aux fleurs du palais de justice, de la Madeleine, ou de la place Saint-Sulpice, vous pourrez la voir trôner au milieu d'un des plus magnifiques étalages de fleurs les plus rares et de bouquets disposés avec le meilleur goût. Aussi jouit-elle d'une vogue extraordinaire dans ces trois marchés, où elle est connue de tout le monde sous le nom de *la Bouquetière de Vaugirard.*

FIN

6955. — Tours, impr. MAME.

www.ingramcontent.com/pod-product-compliance
Lightning Source LLC
LaVergne TN
LVHW022124080426
835511LV00007B/1022